おもしろ
"紙学"

紙の未来とわたしたちの生活

防災

紙は強いんだ！
わたしたちを守ってくれる

もくじ

本書は2019年9月時点で入手した情報に基づいて編集しています。

はじめに一自然災害が多い日本

わたしたちが住む日本は自然災害が多いといわれています。台風や地震など大きな被害が出ることもたびたびあります。
なぜそんなに自然災害が多いのか見てみましょう。

海にかこまれた小さな国土

日本という国は、海にかこまれた小さな国です。面積は37万7835平方キロメートルで、世界の国土の0.28パーセントしかありません。

国土の面積のわりに人口が多い（約1億2600万人）、平地が少なく山が多い（国土の約4分の3が山地）、川が多く流れが急である、火山が多い、地震が多いなど、さまざまな自然災害が起こる条件が重なっています。

ではどのような自然災害が起こっているのかを見てみましょう。

まず思いうかぶのが地震です。世界で起こった大きな地震（マグニチュード6以上）の約5分の1がとても小さな国土の日本で起こっているそうです。2011年3月11日に起こった東日本大震災では震度7を記録し、地震による津波に襲われた岩手県、宮城県、福島県などで1万5897人が亡くなっています。

また東海地震、東南海地震、南海地震という巨大地震が近い将来必ず起こるともいわれています。

108の火山が

次に台風。毎年6月から10月にかけて台風が日本に近づきます。1年間に日本の近くで約26この台風が発生し、10〜11こが日本に接近したり、上陸したりします。

また毎年のように大雨がふり、各地で洪水や土砂くずれを起こしたりします。

　そして火山。噴火が起こるかもしれない火山（活火山）が世界にはたくさんありますが、そのうちの7パーセントにあたる108こが日本にあるのです。

　2014年9月27日、長野県と岐阜県の境に位置する御嶽山で噴火が起こり、火口付近にいた登山者ら58人が亡くなるという大きな災害となりました。

　地震、台風、火山、大雨、そのほかに大雪、落雷など自然や、気候が重なり合って大きな被害が起こることもあります。

　このようなことから、日本は「災害大国」とよばれることがあります。自然災害はいつ起こるかわかりません。そのためにわたしたちは、自分や家族の命を守るためにも、日ごろから準備をしておかなければなりません。

火山噴火　　地震　　落雷　洪水

第1章

紙の強さと可能性

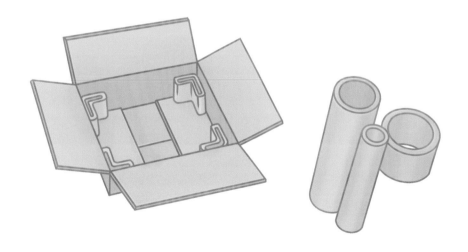

紙はうすくて、簡単にやぶることができます。
だから紙は弱いものと思っていませんか？
しかし、紙は種類や使い方によって強くなるのです。
どうすると強くなるのか見てみましょう。

紙は1000年もつ?

わたしたちのまわりにある紙。切ったり、折ったり、やぶったり、簡単にできますが、紙の寿命（じゅみょう）はどのくらいあるのでしょうか。

奈良の正倉院（しょうそういん）に

　紙には洋紙と和紙があります。習字をするときに使う半紙、またふすまやしょうじの紙も和紙です。

　和紙は、こうぞ、みつまた、がんぴという木のせんいを使います。これらのせんいは長いため、よくからみあい、じょうぶな紙になります。

　洋紙は、教科書やノートをはじめ、今ではたくさん使われています。広葉（こうよう）樹や針葉樹（しんようじゅ）という木のせんいを使います。せんいは短いので、和紙に比（くら）べて弱いのです。

　水につかったり、もやされたりしなければ、洋紙は100年ほど、和紙は1000年もつといわれています。

　じっさいに702年に岐阜県で和紙に書かれた戸籍（こせき）が今でも奈良の正倉院（しょうそういん）に残っています。戸籍（こせき）とは家族単位で、生まれた場所や名前を書きしるす書類のことです。今から1300年以上も前に作られた紙がまだ残っているというのは本当におどろきです。

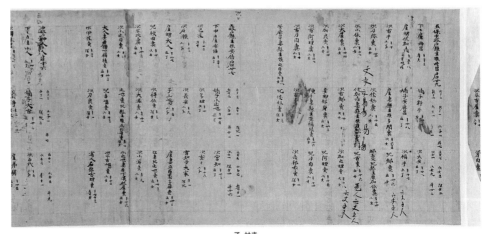

日本に残っている最も古い戸籍（こせき）
（「複製 国立歴史民俗博物館所蔵」「原品 宮内庁正倉院事務所所蔵」）

紙は熱を伝えにくい

みなさんはしょうじを知っていますか？　最近ではあまり見かけなくなりましたが古い家ではしょうじがあり、冬の寒さを防いでくれていました。

紙コップでは

今でもたたみのある和室では、まどの内側にしょうじがあり、冬はしめると外の寒さがやわらぐのを感じます。

これは紙の熱伝導率が低いためです。熱伝導率というのは、熱の伝えやすさ、伝えにくさを表すもので、数字の小さいものほど熱を伝えにくく、数字の大きいものほど熱をよく伝えます。

紙の熱伝導率は0.06、ガラスは1.0、鉄は80だそうです。紙は熱を伝えにくく、鉄などの金属は熱を伝えやすいことがわかります。

たとえばガラスのコップに熱いお湯を注ぐと熱くて持てないことがありますが、紙コップは持つことができます。

このように紙は熱を伝えにくいため、エアコンやストーブなど暖房器具のなかった時代の日本の家は、しょうじやふすまで寒さを防いでいたのです。

第4章でも紹介しますが、新聞紙を使って寒さを防ぐ方法があります。紙は印刷したり、ものを書いたり、ものを包んだりするだけでなく、熱を伝えにくい特性を利用すると防災にも役立つのです。

鉄の5倍の強さ

紙が水にぬれてしまうと、ふにゃふにゃになり、すぐやぶれてしまいます。紙はハサミで切れますし、丸めることもできます。

折りたたんだ段ボールで

　すぐにやぶることもできる紙ですが、とても強い紙もあります。それは段ボール。たくさんのミカンが入った段ボール箱を持ち上げて運んでも、やぶれたり、底がぬけたりしません。

　段ボールはせんいが長いパルプから作った紙を3まいはりあわせていますので、とても強いのです。

　電気製品が入っている段ボール箱を見てみましょう。製品の間に折りたたんだ段ボールがつめられています。これは、運ぶときに、ゆれたり、ぶつかったりしても製品がきずつかないようにするためのものです。

　また紙を筒のようにした紙管というものがあります。これは食品用や工業用のフィルムを巻きつける芯として使われます。紙管もとても強くできているため、フィルムを何十メートルも巻きつけてもびくともしません。

　1まいではやぶれてしまう紙も形を変えることで、とても強くなり、わたしたちの生活を支えてくれています。

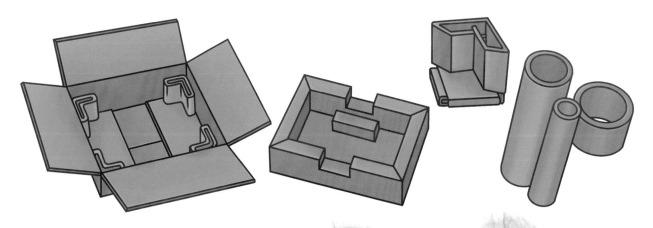

日本初の素材

　日本の科学者や製紙会社が研究を進めているのが、セルロースナノファイバーです。

　セルロースとは木のせんいの主な成分のことで、ファイバーとはせんいのことです。ナノとは10億分の1のことで、とても小さいという意味にも使われます。

　セルロースナノファイバーとはパルプとなる木のせんいの1000〜10000分の1という、とても小さなせんいのことです。

パルプの拡大写真

セルロースナノファイバーの拡大写真

（写真提供：大王製紙株式会社）

　このセルロースナノファイバーは、今、世界から注目されている「日本発の新しい素材」なのです。

　なぜ世界から注目されるかというと、セルロースナノファイバーは木のせんいが成分なのに、乾燥させると、なんと鉄の5倍の強さになります。木のせんいでできているので、鉄よりずっと軽いのです。今、車のボディーに使えるよう研究が進められています。

　またセルロースナノファイバーは紙のようにうすく、そして透明にもできるので、スマートフォンの中の電子回路として使う研究も進んでいます。木のせんいからできていますので、使い終わったあとは古紙回収にも出せ、環境にもやさしいのです。

　このように紙の原料になる木のせんいもわたしたちの生活の中で役立つ研究がどんどん進められています。

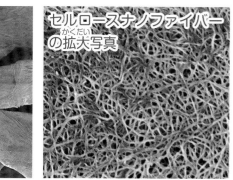

セルロースナノファイバーでできた電子回路
（写真提供：大阪大学　能木雅也）

和紙のせんいが宇宙で

6ページでも説明したように、和紙は1000年ももつというくらいじょうぶです。和紙でできた糸やせんいも注目されています。

じょうぶな糸に

木の皮から作った和紙を約2ミリ幅の細いテープにして、それを何百回もひねってよりあわせると、じょうぶな糸になります。その糸を織って布地を作ると、水に強く、洗たくもできる和紙せんいとなるのです。

木の皮にはもともと幹を守るために、紫外線を吸収する力、菌に負けない力、水分を調節する力、においを消す力などがあります。それらの力が、和紙になってもそのまま残って、すぐれた効果をもつせんいとなります。和紙のせんいは、人のはだにも自然にも、とてもやさしいのです。

2010年、和紙のせんいで作られたくつしたが、日本の宇宙航空研究開発機構（JAXA）に認められ、宇宙滞在用に採用されました。そして宇宙飛行士の山崎直子さんがじっさいにスペースシャトルの中で使用されたのです。

山崎さんによると、このくつしたは足に汗をかいてもさらっとしていて、はきごこちが良かったそうです。

スペースシャトルの中ではシャワーも洗たくもできません。和紙のせんいがもつすぐれた力によって、宇宙飛行士が宇宙空間で快適にすごすためにも役立ったのです。

スペースシャトル・ディスカバリー号で宇宙に行った山崎直子さん
©NASA

第2章

紙のことを知ろう

紙はどこから伝わってきたの？
紙は何からできているの？
紙はどうやって作るの？
この章では、みなさんの「なぜ？」にこたえるよう
説明していきましょう。

紙の歴史を学ぼう

紙がどのように人びとに使われるようになったのか、その歴史を学んでみましょう。

中国で発明された紙

これまでの調査では、今から約1900年前（西暦105年）に、中国で作られたそうです。

そのころの中国は、後漢という時代でした。そのときの皇帝（王様）が蔡倫という役人に命じ、研究を重ねたすえに、紙ができました。

蔡倫が発明する200年以上前に紙はあったのですが、文字を書くための紙ではなく、当時とても大事に使われていた銅でできた鏡をはじめ、大切な品じなを包むものとして使われていたようです。

蔡倫

日本に紙が伝わったのは今から1400年ほど前の610年。日本のとなりの朝鮮半島からきたお坊さんが、紙を作る技術を日本に伝えました。

中国からヨーロッパへ

　中国で発明された紙は、日本と反対の西の方角の国ぐににも伝わりました。
　中国は歴史をたどるといろいろな皇帝が国を治めていましたが、今から
1400年近く前は、唐という国でした。その唐がイスラム帝国という国と戦
ったときに、中国の兵隊がとらえられました。その兵隊の中に、紙を作る技
術をもった人が何人もいたようです。

　その人たちが、紙の作り方を伝え、今の中東アジアやアフリカ、そして今
から900年ほど前の12世紀にヨーロッパの国に伝わりました。

　そして15世紀ごろにはフランスやイギリスなどヨーロッパ全土に伝わり
ました。17世紀にはアメリカに紙の技術が伝わっていきました。

※主要場所のみ記載しています。
出典：紙の博物館

紙は何からできているの？

紙は木のせんいからできています。しかし木のせんいはどのようにして紙になるのでしょうか？

大切な酸素と水素

みなさんは酸素や水素という言葉を聞いたことがありますか？

どちらもわたしたちが生きていくのになくてはならないものです。

わたしたちは空気の中の酸素をすって生きています。火がもえるときにも酸素がなければもえません。

水素は酸素とつながることで、わたしたちが飲む水になったり、エネルギーになったり、電気を起こしたりします。

紙ができるときにも、この酸素と水素が大切な役割をしているのです。

酸素 + = 火

水素 酸素 水素 → ゴゴゴ・変身！ 電気 水

せんいが水素とくっつく

　紙を作るには、木や古紙を水の中でどろどろにしてせんいを取り出します。これをパルプといいます。

　このパルプを熱でかわかすときに、水の中の水素と木の小さな細かいせんいがくっつきます。これを「水素結合」といいます。たくさんのせんいとせんいが水素によってしっかり手をつなぐようにくっついて紙となるのです。

　もし紙を作るときに木のせんい同士をのりでくっつけてしまうと、いくら水の中でかき回してものりがとれずに、せんいは元にもどれません。

　木のせんいは水素によってがっちりくっつくことで紙になり、紙を水の中に入れると、木のせんいと手をつないでいた水素がはなれてしまい、せんいはばらばらになります。

　こうして木のせんいは紙になったり、せんいにもどったりをくり返すことができるのです。だから紙はリサイクルできるのです。

　紙が水にぬれるとやぶれやすくなり、トイレットペーパーが水にとけるのは、せんいが水素結合しているからなのです。

紙はこうして作られる

　紙を作るには、木から作ったパルプや使い終わった紙（古紙といいます）を利用したパルプを使います。紙が作られる工程を見ていきましょう。

パルプってなに？

　木の種類には大きく分けて2種類あります。
① 針葉樹：葉の先がとがっていて細い。また幹がまっすぐのびている。
② 広葉樹：葉が広くて平たい。幹は太くて曲がっていることが多く、枝が分かれている。

　針葉樹から取れるパルプのせんいの長さはおよそ3.5mm。広葉樹のほうはおよそ1.5mm。強くてやぶれにくい紙を作るには針葉樹パルプを使い、ちらしやコピー用紙などの印刷用紙には広葉樹パルプを主に使います。木材をくだいてしょうぎのこまほどの大きさにしたものを木材チップといいます。

　その木材チップを
・薬品で煮て作ったものを化学パルプ
・機械ですりつぶして作ったものを機械パルプ
　といいます。

木や古紙からできたパルプ（写真提供：日本製紙株式会社）

パルプをたたく？

紙は木から作ったパルプをそのまま水にとかして作るわけではありません。まずはパルプをたたいてせんいの表面から小さな細かいせんいを毛羽立たせ、枝状(えだじょう)に分かれさせることがとても重要。これを叩解(こうかい)とよびます。

これによりせんい同士(どうし)が強くくっつくのです。パルプを叩解(こうかい)する機械をリファイナーといいます。

叩解(こうかい)したパルプに古紙パルプなどをまぜたりしながら次の薬品を加えていきます。

①サイズ剤(ざい)：水性(すいせい)インキなどのにじみを防ぐ(ふせ)
②填料(てんりょう)：紙の不透明性(ふとうめいせい)や表面のなめらかさをよくする
③紙力増強剤(しりょくぞうきょうざい)：せんい同士(どうし)を強くくっつける
④その他の薬品：白さを強くする染料(せんりょう)や、文字が読みやすく目が疲れ(つか)ないようにあわく黄色にする染料(せんりょう)など

いよいよ抄紙

　紙を作ることは昔から「抄く」といわれていました。そのため紙を作ることを抄紙といいます。次のように抄紙機という機械を使って作ります。

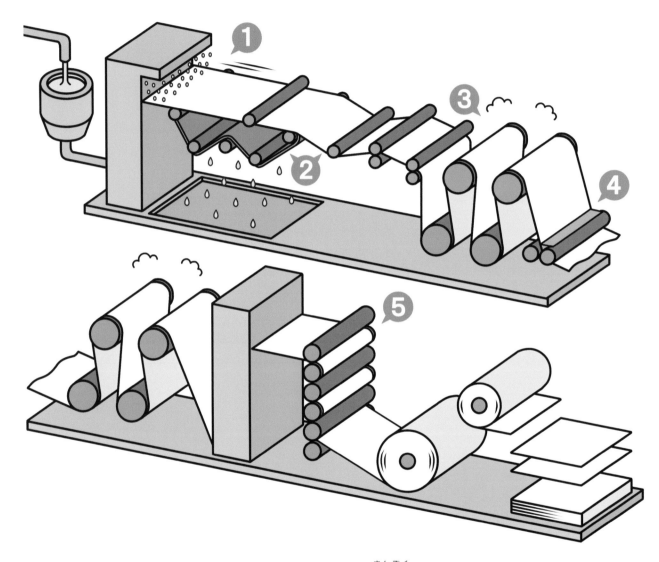

①ワイヤーパート：水でとかしたパルプを金属やプラスチックのあみ（ワイヤー）にふきつけます。水分はあみの下にぬけ、あみの上にはせんいが広がります。これが紙のもとになります。

②プレスパート：水分をふくんだ紙をフェルトの布に乗りうつらせ、ローラーとローラーの間に通してさらに水分をしぼります。

③ドライヤーパート：ローラーの中に熱い蒸気をいれて表面を熱くし、その熱でぬれた紙をかわかします。

④サイズプレス：紙の表面に薬品などをしみこませ、せんいがはがれないようにします。

⑤キャレンダー：ロールで押しつぶして紙の表面をなめらかにします。

※塗工：紙の種類によっては紙の表面に塗料をぬって印刷に適した工夫が行われます。

古紙を使う場合には

古紙を古紙パルプにするまでに、クリーナーとよばれる機械でごみやちりをきれいに取りのぞきます。

フローテーターという機械で、洗剤のあわのようなものにインクをくっつけてせんいとインクをはなすと、白い古紙パルプができ上がります。

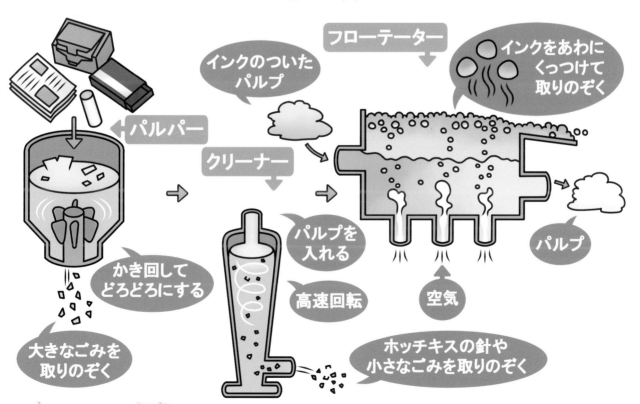

インクのついたパルプ
フローテーター
インクをあわにくっつけて取りのぞく
パルパー
クリーナー
かき回してどろどろにする
パルプを入れる
高速回転
空気
パルプ
大きなごみを取りのぞく
ホッチキスの針や小さなごみを取りのぞく

和紙と洋紙

6ページで説明したように紙には、和紙と洋紙があります。

和紙は日本で昔から作られている紙。洋紙はヨーロッパから伝わった紙のことです。材料や作り方がちがいます。

ちがいは？

習字をするときに使う半紙、またふすまやしょうじの紙も和紙です。

和紙は、こうぞ、みつまた、がんぴという木のせんいを使います。これらのせんいは長いため、よくからみあい、じょうぶな紙になります。

手づくりのため、たくさん作ることはできません。今では機械でたくさん作ることもできるようになりましたが、洋紙に比べ、値段は高いのです。

和紙は表面がざらざらしています。

和紙の原料となるこうぞ、みつまた、がんぴ（写真提供：紙の博物館）

洋紙は、教科書やノートをはじめ、今ではたくさん使われています。広葉樹や針葉樹という木のせんいを使います。せんいは短いので、和紙に比べて弱いです。

機械で作るため、安くたくさんできます。表面が平らで、ペンで書いたり、印刷したりするときに、インクがにじまないようにする薬品を使うところが和紙とちがう点です。

第3章
紙を防災に役立てる

日本各地で毎年のように自然災害が起こり、
家がこわれたり、水につかったりして、
避難する人がたくさんいます。
困っている人たちのために、
古紙を防災に役立てたり、段ボールを使って、
被災地を応援したりする人がいます。
この章ではその人たちを紹介しましょう。

強い土を古紙で

　わたし（小六信和）は古紙リサイクルセンターの経営者ですが、古紙を製紙工場で紙にもどす以外にも、人の役に立てる使い方はないかなとずっと考えていました。

使いようのないヘドロも

　あるとき、「ボンテラン工法」という技術があり、これには古紙がとても大切な役割をしていることを知りました。この工法は東北大学大学院の高橋弘先生と森環境技術研究所所長の森雅人さんが、共同研究開発されたものでした。

　ボンテランとはフランス語で「良い土」という意味です。工事などで地面を深くほると、地中にあるたくさんの水が土にまじってどろどろになってしまい（ヘドロといいます）、何にも利用することができません。このヘドロに古紙と薬品などをまぜてぱらぱらの土にもどす工法をボンテラン工法というのです。

　古紙は水分をよくすい取ります。古紙は木のせんいからできているので、ヘドロにまぜると、とても強くてねばりがあり、ひびが入ったり割れたりしにくい土になるのです。使いようのないヘドロが、古紙をまぜることで、とても良い土（リサイクル土といいます）に生まれ変わるのです。

　わたしはすぐに高橋弘先生と森環境技術研究所所長の森雅人さんにお会いして、いろいろと教えていただきながら、古紙の新しい未来のためにチャレンジしようと思いました。そして多くの方と研究を重ねながら作り上げた古紙を「ボンファイバー」といいます。

ボンテラン工法の使い方

　ため池の底をそうじしたときに出てくるヘドロもボンファイバーを使うと、ヘドロが強い土になり、ため池の堤防工事に使うことができるので、新しい土を運んできて使うよりも工事代も安くすむことがわかりました。

　災害というと思い出すのは、2011年3月11日に発生した東日本大震災です。津波で多くの方が亡くなり、多くの町で家や車が流されるという大変な災害になりました。津波によってたくさんの土砂が川に流れこみ、川の底に大量のヘドロがたまってしまいました。そのため川の水が流れにくくなり、大雨がふると川の水があふれる危険性がありました。

　そこで川底のヘドロを取り出し、ボンファイバーでリサイクル土にもどすボンテラン工法が行われました。その土は津波対策の堤防や仮設住宅を高台に作るために使うことができました。

　東日本大震災では多くの場所で土地がうもれたり、へこんだり、うき上がったりしたのですが（これを液状化現象といいます）、ボンファイバーを使いボンテラン工法が行われた場所では、土がねばり強いため、液状化現象が起こらなかったそうです。国土交通省から「東日本大震災で効果のあった技術」として選ばれています。

　このように古紙は人の命を助けることにも役立ちます。古紙にかかわる仕事をしていることにほこりを持ちながら、わたしは古紙の力をさらに防災にも役立てる方法を考えていきたいと思います。

ボンファイバー（写真中央）をヘドロにまぜると強い土になる
（写真提供：株式会社森環境技術研究所）

段ボールで被災地を応援

大きな災害が起こったときに、段ボールの製品を使って被災地の人びとを助け、応援する会社があります。その会社は大阪府東大阪市にあるマツダ紙工業株式会社といいます。社長の松田和人さんにお話をお聞きしました。

段ボールでついたてを作る

——被災地を応援することになったきっかけは何だったのですか？

松田さん：わたしの父である松田重夫が社長のときでした。1995年1月17日に阪神・淡路大震災が起こりました。大きな地震がないといわれていた関西地方で起きたのです。兵庫県を中心に6400人以上の方が亡くなり、家だけでなく、ビルや高速道路までもがたおれるという大変な被害が出ました。

わたしの会社の取引先も被災したので、その会社の社員さんのために、わたしは営業担当者といっしょに食料や生活用品をリュックサックにつめて向かったのです。避難所になっている学校の体育館に行ってみると、たくさんの人が、床に毛布などをしいて、すわりこんだり、横になったりしていました。

女の人は服を着がえるときも人目を気にして、困っているようでした。そこで父と相談し、段ボールで作ったついたてを300セット作り、避難所に届けたのです。これがきっかけとなりました。

——ついたてを送ったあとの反応はどうだったのですか？

松田さん：混乱していたのでしょう。

阪神・淡路大震災で完全に倒壊したビル

©松岡明芳

残念ながら利用した人の声や感想などは聞くことができませんでした。

11時間かけて

松田和人さん

——2011年3月11日に起こった東日本大震災はどうされたのですか？

松田さん：福島県にいる知人の国会議員の秘書さんと連絡を取り合っていました。食べ物や水、着がえなどの支援物資は届き始めていました。しかし避難所は、阪神・淡路大震災のときと同じで間仕切りもついたてもない状態でした。

被災者の方たちは着がえたり、ねたり、食事をしたりするのも、まわりの人から見えてしまうので、落ち着かないはず。それで急いでついたてを1200セット作って届けました。

——道路はこわれ、鉄道も使えないのにどうやって運んだのですか？

松田さん：福島県に問い合わせてみると、運ぶ手段がないということでした。そこで、うちの会社の社員といっしょにトラックを使って11時間かけて運びました。

——避難所のみなさんはどうでしたか？

松田さん：とても喜んでくれました。みなさんを元気づけようと、ついたてに「がんばろう　日本」と印刷もしたのですよ。年配の方からは感謝のお手紙をいただき、苦労して運んで良かったと思いました。

しかし避難所では小さな赤ちゃんがいるお母さんが、トイレで授乳しているということを聞きました。東北地方の４月はまだまだ寒いですし、トイレで赤ちゃんにおっぱいを飲ませるのは衛生的にも良くありません。そこで段ボールで授乳室を作り届けました。安心して授乳できる空間を作ることができて本当に良かったと思いました。

——避難所では、みなさん床でねていたのですね？

松田さん：そうなんです。床でねるとほこりをすってしまい、体に良くあ

りません。人が歩く音も伝わってきてゆっくりねむれないのです。そこで段ボールでベッドを作り、700セットを東大阪市異業種交流グループ「創遊夢（ソユーム）」の応援も受けて避難所に届け、使っていただきました。

↑段ボール製の授乳室

↓段ボールベッド

「がんばろう　日本」と印刷されたついたては、避難所の方がたに喜ばれた

人びとを支え、はげます

──段ボールが被災地でも役立つことをどう感じておられますか？

松田さん：段ボールというのは、ミカンやりんごを運ぶときの箱として、また電気製品などをこわれないようにする包装材料として使われます。使い終われば不要なものとしてリサイクルに出されます。

しかしそのような段ボールも折り方や作り方を変えることで、とても強くなり、災害で困っている人たちを支え、はげます役割をするものに生まれ変わらせることもできるのです。

もし災害が起こったときには、すばやく被災地に届け、被災者のみなさんのお役に立てることができるよう、これからもがんばって段ボールを作っていきたいと思います。

(25〜26ページの写真提供：マツダ紙工業株式会社)

第4章
いざというとき
役立つ紙

地震や台風などで災害が起こったときのため、
防災用品をそろえておくことは大切です。
この章では、紙でできた便利な防災用品や
紙で作れる防災グッズを紹介していきましょう。

避難所に段ボールベッド

大きな地震で避難所生活をしなければならないこともあります。そのとき安心してねむれる場所が必要です。

かたい床の上では

　2011年3月11日、東日本大震災により、東北地方を中心にとても広い範囲で大きな被害を受けました。家が地震でこわれたり津波で流されてしまったりして、たくさんの人が避難所で長い間生活しなければなりませんでした。

　4月になっても東北地方はまだまだ寒い時期です。体育館など、冷たく底冷えのする床で手足をのばすこともできずにね起きするため、多くの人が体調をくずし、避難所で亡くなる人さえありました。

　せっかく避難して助かった命なのに、避難所で亡くなるなんてあってはならないこと。第3章24〜26ページで紹介したマツダ紙工業では、避難所の人たちのために急いで段ボールのベッドを作りました。

　段ボールベッドには良い点があります。

●保温性、断熱性が高いので暖かくすごせる

●だれでも簡単に組み立てられる（2人で組み立てれば3分で完成）

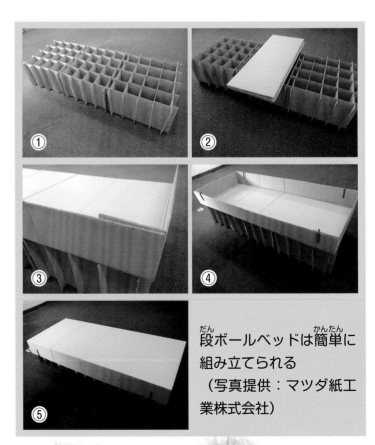

①

②

③

④

⑤

段ボールベッドは簡単に組み立てられる
（写真提供：マツダ紙工業株式会社）

●お年寄りは床よりベッドからのほうが楽に立ち上がれる

●使い終わるとリサイクルに出せる

●折りたためるので、しまっておく場所も少なくてすむ
　など、いいことずくめです。

自分でも作れる

　日本人は昔から床やたたみの上にふとんをしいてねていました。その上がまん強い気質なので、非常時だから避難所の床の上にねるのもしかたがないと思っている人たちもいます。

　けれども災害関連死といって避難所の環境が悪いせいで亡くなる人がいるのも事実です。

　床にねるよりずっと快適で、いらなくなったらリサイクルできる段ボールベッドの良さをもっと多くの人に知ってもらい、防災用品として食料や水といっしょに、各地で用意をしてほしいものです。

　段ボールベッドが避難所にないときは、段ボール箱を使って自分で作ることもできます。

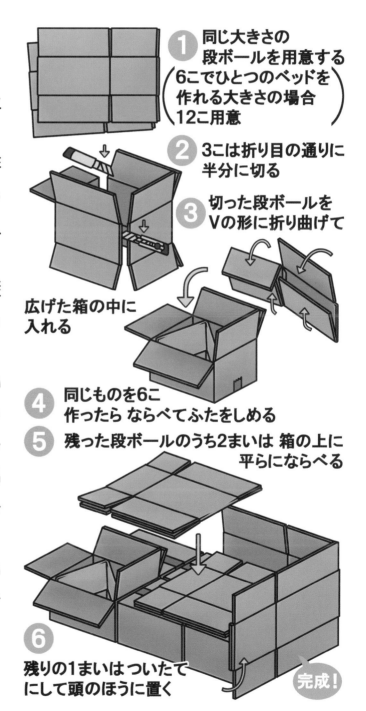

1. 同じ大きさの段ボールを用意する（6こでひとつのベッドを作れる大きさの場合 12こ用意）

2. 3こは折り目の通りに半分に切る

3. 切った段ボールをVの形に折り曲げて

広げた箱の中に入れる

4. 同じものを6こ作ったら ならべてふたをしめる

5. 残った段ボールのうち2まいは 箱の上に平らにならべる

6. 残りの1まいはついたてにして頭のほうに置く

完成！

紙のレスキューボード

　災害が起こったとき、けがをした人、具合が悪くて動けない人を急いで安全な場所に運ばなければいけないことがあります。

軽くてじょうぶ

　救急隊が来るまで待っていられない、人を運ぶための担架がない。そんなとき、これまではまわりの人たちが助け合い、協力してたたみや木の板、毛布などに動けない人を乗せて、運んでいました。しかし、たたみは重く、毛布は持ち手がないため、大人が持っても人を乗せて運ぶのは大変です。

　1995年1月17日、兵庫県を中心に阪神・淡路大震災というとても大きな地震が起こりました。死者が6434人、けがをした人が4万人をこえるという大変な災害となりました。

　そのときの経験から、いつも身近なところに置いておけて、軽くてじょうぶな紙の担架ができないものかと考えた新潟県の安達紙器工業という会社が、世界で初めて紙のレスキューボードを作り上げました。

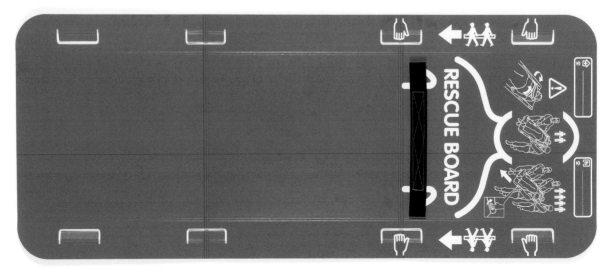

世界初の紙のレスキューボード

このレスキューボードは、たて180㎝、はばは73㎝ですが、折りたたむと、たてが60㎝、はばが73㎝、あつさが4㎝と小さくなります。保管（ほかん）に便利で、重さも3.5キロと軽いため、すぐに必要な場所まで持っていけます。

折りたたむと小さくなり保管（ほかん）に便利

水にも強い

水にも強く、まる一日水の中にひたすという実験でも200キロ以上の重さに耐（た）えられたそうです。これは大人の男の人約3人分の重さです。とてもじょうぶなことがわかります。

そのため地震（じしん）だけでなく、台風や大雨での土砂（どしゃ）くずれや洪水（こうすい）という水による災害（さいがい）のときにも、けが人を運ぶためにじゅうぶん役に立つのです。

そしてもうひとつ大きな特長があります。それはボードに絵がかかれていて、人を乗せるときの頭の位置や持ち方、運び方がだれにでもひと目でわかるようになっていることです。

じっさいに外国で大きな地震（じしん）が起きてたくさんの人が救助（きゅうじょ）を待っていたとき、日本からこのレスキューボードが送られ、被災地（ひさいち）でとても役に立ちました。日本語が読めない外国の人でも迷（まよ）わず使うことができたのです。

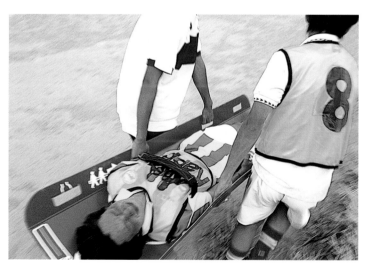

2人いればけが人を運ぶことができる

（30〜31ページの写真提供：安達紙器工業株式会社）

ママも安心、紙の授乳室

紙のレスキューボードを作った安達紙器工業は、避難所ですごす人たちの声をもとに、こんなものも作りました。

着がえたくても

それは紙の更衣室・授乳室です。

2004年に新潟県中越地震という大きな地震が起きたとき、家がこわれたりかたむいたりして、たくさんの人が家に帰ることができずに、避難所となった体育館などで何日もすごさなければいけませんでした。そのころはまだ、段ボールベッドや間仕切りもありません。

特に女の人は着がえをしたくても、たくさんの人がいる前ではできません。赤ちゃんにおっぱいをあげるのも人の目が気になります。そんなふうに困っている人がたくさんいることを知って、安達紙器工業は急いで紙の更衣室・授乳室を作ったのです。避難所にこの更衣室・授乳室を届けると、とても喜ばれたそうです。

紙の更衣室・授乳室
（写真提供：安達紙器工業株式会社）

段ボールのついたて（左）・たんす（写真提供：マツダ紙工業株式会社）

また、第3章24〜26ページで紹介したようにマツダ紙工業は阪神・淡路大震災が起こったとき、段ボールで作ったついたてを届け、とても喜ばれました。

　その経験をもとに、東日本大震災ではついたてや紙の授乳室や、服などを整理して入れるための段ボールたんすなどを作って避難所に届ける活動をしました。

子どもたちのために

　避難所には小さな子どもたちもいます。恐ろしい災害を経験して子どもたちの心はとても傷ついています。そんなとき、遊びで少しでも元気を出してほしいのですが、おもちゃも遊ぶ場所もないことがほとんどです。

　マツダ紙工業では段ボールずもうを作って、避難所に届けたりしました。

　段ボールずもうは、段ボール製の土俵を手でたたいて、段ボールでできた力士にすもうを取らせます。体の大きさ、力の強さ、年の差や男の子、女の子に関係なく、勝負ができますので、みんながむちゅうになって遊んでくれました。それを見ていた大人たちもとても楽しんでくれたそうです。

　マツダ紙工業では段ボールをこのようなかたちでも届け、避難所の方がたを元気づけてくれました。

段ボールずもうで遊ぶ子どもたち（写真提供：マツダ紙工業株式会社）

段ボール製の防災ヘルメット

　地震が多い日本では、いざというときにはいつでも避難できるよう、準備をしておくことが大切です。

火にも強い

　地震や火事などで避難するときに頭を守るため、防災ずきんを用意している学校もたくさんあるようです。布で作った防災ずきんを持っているという人も多いでしょう。

　やわらかくてぶあつい布製の防災ずきんは、耳や肩までカバーしてくれるので安心ですが、かさばるので、学校のロッカーに置いていると場所をとりますし、毎日の通学で持ち歩くわけにはいきません。

　秦永ダンボールという会社が開発したのが、段ボールでできたヘルメットです。とても軽くて、折りたたむことができるので、カバンに入れて持ち歩くこともできます。表面に特別な加工がされていて、水や熱にも強く、バーナーの火を当ててももえ広がりません。

　頭を守る力は、工事現場で使われているヘルメットにも負けない強さがあるのです。段ボールの強さをどうすればヘルメットに生かすことができるか、研究が重ねられた結果です。内側には通気性が良い布が使われているので、かぶりごこちも良くなっています。

　このように、リサイクルできる紙や段ボールを防災にも役立てようと、いろいろなものが研究、開発されているのです。

軽くて火にも強い段ボール製のヘルメット
「アウトリーチ防災用帽子」
（写真提供：有限会社秦永ダンボール https://www.d-sinei.com/）

紙の懐中電灯ってなに？

　１まいの紙をくるくるっと丸めると、なんと内側が明るく光り、懐中電灯になる。そんな道具がもう発明されています。

リサイクルもできる

　ドラえもんが出してくれるような道具、それが、ペーパートーチです。

　じつは、ペーパートーチに使われている紙は、木や古紙から作られた紙とは少しちがいます。合成紙といって、プラスチックのなかまを原料として作られているのですが、これはリサイクルが可能で、もやしても有害物質が出ない材質です。水にも強く、巻きぐせがつきにくいので使ったあとに広げると、また元のまっすぐな紙にもどります。

(©2018 TAKEO Co.,Ltd.)

　その紙に電気を通す特殊なインクで、電気の通り道（電子回路）を印刷し、コイン電池とＬＥＤという小さなライトがくっつけられています。

　このペーパートーチは、ゆるく巻くと弱い光に、きつく巻くとより明るい光になります。また、表やうらは関係なく、どちら側に巻いても光るのですが、巻く方向で光の色が変わります。広いはんいをふんわりと照らしたいときや、さがし物などでせまいはんいをしっかりと照らしたいとき、どちらにも使えてとても便利です。

　まだ防災用品として気軽に使うには値段や強度などの課題もありますが、どんどん進化する紙の可能性に大きな期待がよせられています。

食器も紙皿もないとき

みなさんは折り紙で遊んだことがありますか？　じつは折り紙で簡単な箱の作り方を覚えておくと、とても役に立つことがあるのです。

熱いものもだいじょうぶ

　地震で食器がこわれた、水が出ないので食器が洗えない、でも紙皿もない、そんなときは新聞紙で箱を作りましょう。そこにビニール袋やラップをかぶせれば、食器の代わりに使うことができます。新聞紙は熱を伝えにくいので、少しくらい熱いものを入れても手の上にのせることができるのです。

　ここでは、簡単な作り方を紹介しましょう。

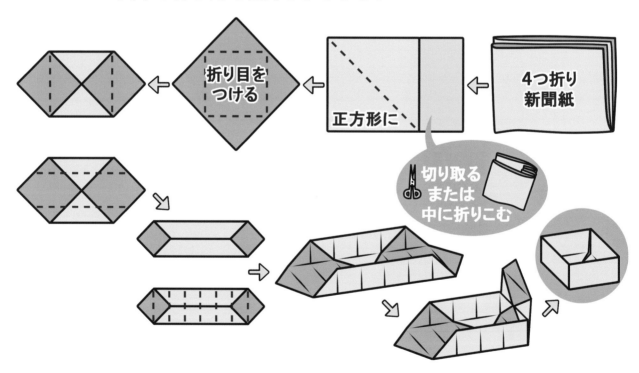

4つ折り
新聞紙

正方形に

折り目を
つける

切り取る
または
中に折りこむ

　ほかにも船型やコップ型など、いろいろな折り方があります。

　また、牛乳パックやペットボトルを切って同じようにラップなどをかぶせて使うこともできます。

マスクも作れる

大きな地震（じしん）で建物がたおれたり、洪水（こうずい）のあと水が引いて地面がかわいてくるとたくさんのほこりや土ぼこりがまいあがります。

キッチンペーパーを利用する

　ほこりをすってしまうと、のどがいたくなったり、せきこんでしまったりすることがあります。長時間ほこりのまう中にいると、体にも良くありません。

　そんなときは、キッチンペーパーと輪ゴムがあればマスクが作れます。

　図のようにキッチンペーパーを折って、はしを輪ゴムで結びます。耳にかける長さにするためにもう1本輪ゴムを結びます。

　片耳（かた）にかけてからキッチンペーパーを口に当て広げ、もう一方の耳にかけるとマスクとして使えます。このマスクは一時的なものですから、避難所（ひなんじょ）などでマスクが配られたら、それを使うようにしましょう。

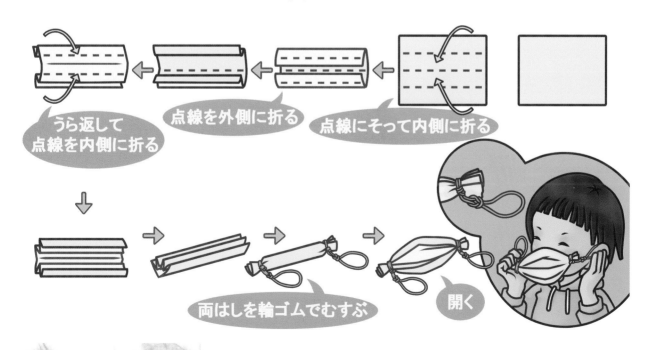

うら返して
点線を内側に折る

点線を外側に折る

点線にそって内側に折る

両はしを輪ゴムでむすぶ

開く

新聞紙で寒さを防ぐ

災害はいつなんどき起こるかわかりません。もし寒い冬に起こったときはどうすればよいでしょうか。

紙の保温性を利用

　もし冬に災害が起こり、避難しなければならないとき、新聞紙とごみすて用の大きなビニール袋（45リットルサイズ）を持っていきましょう。

　寒さは体力をうばいます。ですので、寒さを感じたら、服の下（セーターとシャツの間など）に新聞紙を入れてみましょう。寒さがやわらぎます。これは7ページで説明したように、紙が熱を伝えにくいことを利用したもので、新聞紙が外気を防ぎ、体温をにがさず保温してくれます。

　毛布やテントもなく外で夜をすごすことになったときも、ビニール袋と新聞紙が役立ちます。ビニール袋に3日分ほどの新聞紙をくしゃくしゃにして入れ、口を結びます。それを下にしいてすわると地面からの冷えを防げます。

ブルーシートがあれば

ビニール
ポンチョ

　新聞紙を広げ体に巻きつけて、顔が出せるように角にあなをあけたビニール袋をすっぽりかぶると寒さがやわらぎます。

　足が冷たいときはビニール袋にくしゃくしゃにした新聞紙を入れて足を入れると温かくなります。

　またブルーシートがあれば、新聞紙で寝袋を作ることもできます。ブルーシートを図のように折って、両はしをひもやガムテープでとめます。その中に新聞紙をしきつめれば寝袋になり、中に入ると寒さを防ぐことができます。

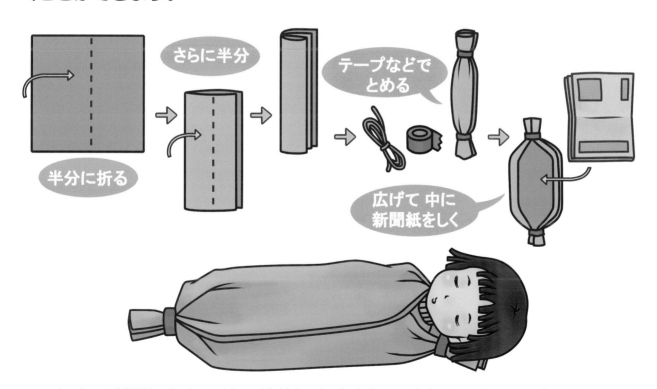

半分に折る

さらに半分

テープなどで
とめる

広げて　中に
新聞紙をしく

　これまで説明したものは一時的に寒さをしのぐためのものです。なるべく早く避難所に行くことが大切です。

ガラスが散乱したとき

大きな地震では、食器棚がたおれたり、まどガラスが割れたりして、部屋にガラスの破片が飛び散ってしまうことがあります。

新聞紙でスリッパを

部屋中がガラスの破片だらけになると素足で歩くことができません。スリッパがあるといいのですが、スリッパの上に破片が飛び散ってしまったら、危険ではくことができません。

　もしすぐに手が届くところに新聞紙があれば、簡単に新聞紙でスリッパを作ることができます。玄関までくつを取りに行くなど、とりあえずその場から動くために一時的に使うにはじゅうぶんです。

作り方は簡単

　ハサミものりもいりません。作り方を説明しましょう。
①半分に折った新聞紙の右から４分の１を折る
②折った部分をさらにもう一度折る
③うら返して折った方を向こう側に

④両側から３分の１ずつまん中に重ねて折る

⑤片方を折りまげた中に差しこむ

⑥差しこんだ外側の折りまげ部分を三角に折りこむ

　ひっくり返せば、片方の足の分が完成です。同じようにもう１まい新聞紙を使って作ります。

　４つの角を内側に折りまげれば、さらにはきやすくなります。また、新聞紙を１まいたたんで中じきにすれば、より安心です。

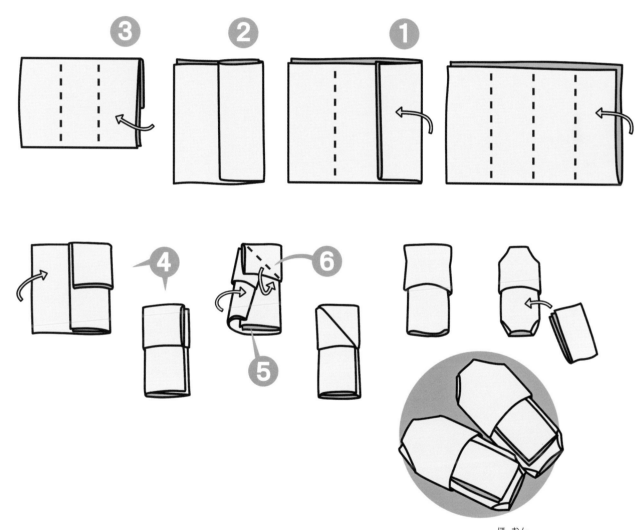

　この作り方を覚えておけば、寒くて足先が冷たいときの保温にも役立ちます。

　勉強部屋やベッドのそばに新聞紙を少し置いておくと、いざというときに必ず役に立つはずです。

新聞紙で簡易トイレ

災害で水が出なくなったときや、避難所ですごすことになったとき、とても困るのがトイレの問題です。

段ボールやバケツを利用

　たくさんの人が集まる避難所では、トイレの数が足りなかったり、断水で使えなくなったりすることがあります。そのためトイレをがまんしたり、なるべくトイレに行かなくてすむように水分をひかえたりする人もいます。これは体に良くありません。

　そのようなとき、バケツをトイレ代わりにもできます。

　用意するのは少し大きめのごみ袋（20リットルサイズ）2まいと新聞紙。

①ごみ袋を段ボールトイレやバケツなどに二重にかぶせる

②4つ折りにした新聞紙をくしゃくしゃに丸めてから広げてごみ袋の中に

③もう1まい新聞紙を同じように丸めて広げ、向きをかえて十字に置く

④さらに新聞紙を細かくやぶって入れる

　これで完成。トイレをすませたあとは、内側のごみ袋だけを取り出し、空気をぬいて、しっかりと袋をしばってほかのごみとは別にまとめておきます。

　紙おむつやペット用のシーツ、猫砂などがあれば新聞紙の代わりに使えますが、やはり一番手に入りやすいのは新聞紙でしょう。

これはそろえておきたい

災害が起きたとき、避難所で困るのはもちろんですが、自分の家にいても断水で何日も水が出ないことがあります。

使いすてのペーパーショーツ

飲み水や料理に使う水はぜったい必要ですが、断水のときにはおふろや洗たくに使える水まではなかなか手に入りません。ふだんからおふろの残り湯は流さずに次に入れかえるまで残しておくと、手を洗ったりタオルをしぼって体をふいたり、トイレを流すためにも使えて役に立ちます。

水が出ないときに便利なのが使いすてのペーパーショーツ。これは不織布という、糸をおったりあんだりせずに、せんいをからませたりくっつけたりして作られた布でできています。全部が紙でできているわけではありませんが、紙の原料であるパルプが使われていることが多いのです。

そのほかには綿や麻などの天然せんいも多く使われているので、もやせるごみに出すことができます。不織布は、はだざわりがやわらかくて通気性も良く、マスクや紙おむつ、使いすてのおしぼりなどにも使われています。

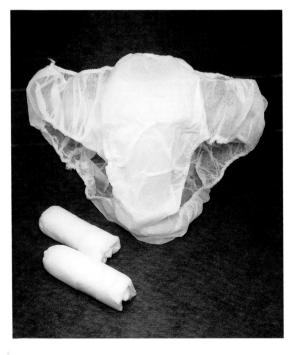

最近は海外旅行にペーパーショーツを持っていく人もふえているようですが、防災グッズとして備えておくと、断水で洗たくができないときや避難所で、下着をほすことがむずかしいときにとても便利です。

備えておきたい紙

みなさんの家では「非常持ち出し袋」を用意していますか？ 玄関やベッドのそばなど、すぐに持って避難できる場所に置くのは重要なことです。

紙類を忘れずに

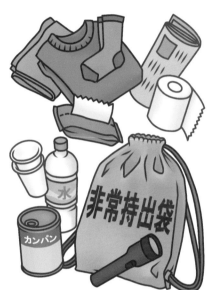

急いで避難しなければいけないとき、あれこれと持って行くものをさがしている時間はありません。まずは命を守ることが何より大切だからです。

いざというときのために日ごろから家族で話し合い、それぞれが持ち出す物や役割分担を決めておくといいでしょう。

非常持ち出し袋の中にはどんなものが必要でしょうか。

まずはカンパンや缶詰など保存のきく食べ物と飲み水、懐中電灯、電池、ラジオ、ナイロン袋、タオルや着がえなども必要です。そして、必要な物の中には紙製品もたくさんあります。

ティッシュペーパー、ウエットティッシュ、トイレットペーパーのほかに、

●キッチンペーパー……手などをふくだけでなく、マスク代わりにもなる

●紙皿、紙コップ……食器が洗えないとき、衛生的に使える

●ノート、メモ帳……連絡が取れない家族への伝言用、水や食料の配布場所などのメモ用として

●新聞紙……寒さを防ぐなど

そのほか、マスク、紙おむつ、ペーパーショーツなど、あれば役に立つ紙製品はたくさんあります。

非常持ち出し袋の中に紙類を忘れずに入れておきましょう。

参考文献

『紙のひみつ』おぎのひとし・漫画　学習研究社

『紙のなんでも小事典』紙の博物館・編　講談社

『紙の歴史と製紙産業のあゆみ』公益財団法人　紙の博物館

『わかりやすい紙の知識』公益財団法人　紙の博物館

『和紙と洋紙』公益財団法人　紙の博物館

『トコトンやさしい　紙の本』小宮英俊　日刊工業新聞社

安達紙器工業ホームページ

愛媛パルプ共同組合ホームページ

京富士印刷ホームページ「紙の寿命」

サンキョウプラテックホームページ「雨除け・日除け・風除けに。使い方のバリエーション豊かなブルーシート。」

さんち〜工芸と探訪〜ホームページ「耐久性は1000年以上！？宇宙へ旅立った『和紙』繊維のひみつ」

秦永ダンボールホームページ

備える.jp「キッチンペーパーを折るだけ、紙マスクの作り方」

大王製紙ホームページ

竹尾ホームページ

日本製紙連合会ホームページ

日本製紙グループホームページ

ほいくるホームページ「身近なもので作れる！簡易トイレの作り方〜いざという時のための対策〜」

ENEOS水素サプライ＆サービスホームページ「水素ってなんだっけ？」

50'sインタレスト「簡単に手作り防災グッズ！簡易コンロ＆段ボールベッドの作り方！」

IT Wrapホームページ「災害時に使える食器がなくなった！紙やペットボトルで手作り食器を作ってみよう！」

JICE 一般財団法人　国土技術研究センターホームページ「自然災害の多い国　日本」

50音順さくいん

● 著者紹介

小六信和（ころく のぶかず）

1984年明和製紙原料株式会社に入社。1992年同社代表取締役社長に就任、2018年6月同社代表取締役会長に就任する。中国地区製紙原料直納商工組合理事長、公益財団法人古紙再生促進センター理事などを務める。
全国の小・中学校や婦人会、市民団体などで年間約100回の「コロッケ先生の古紙リサイクル出前授業」を行う。
ホームページ：コロッケ先生の情熱！ 古紙リサイクル授業　http://www.korokkesensei.com/

中村文人（なかむら もんど）

大学卒業後、出版社に勤務。書籍編集に携わりながら、絵本・童話の執筆を行う。
現在は編集企画シーエーティー代表。主な作品に『みんなだいじななかま』(金の星社)、『コロッケ先生の情熱！ 古紙リサイクル授業』『奈良 鹿ものがたり』(ともに佼成出版社) などがある。
「絵本・童話の創作オンライン　新作の嵐」主宰　https://shinsakunoarashi.com/

● イラスト
　聖柄さぎり

● 編集
　編集企画シーエーティー

● 装丁・本文フォーマット・デザイン・DTP・図版作成
　ナークツイン

●表紙写真協力
　安達紙器工業株式会社（紙のレスキューボード／紙の更衣室・授乳室）　有限会社秦永ダンボール（段ボール製のヘルメット）　マツダ紙工業株式会社（段ボールのついたて）

CD56215

おもしろ"紙学" ― 紙の未来とわたしたちの生活

防災 ― 紙は強いんだ！〔わたしたちを守ってくれる〕

2020年3月16日　初版第1刷発行

著　者　小六信和　中村文人
発行者　志村直人
発行所　株式会社くもん出版
〒108-8617　東京都港区高輪4-10-18　京急第1ビル13F
電話　03-6836-0301（代表）
　　　03-6836-0317（編集部直通）
　　　03-6836-0305（営業部直通）
ホームページアドレス　https://www.kumonshuppan.com/
印刷所　大日本印刷株式会社

NDC360・くもん出版・48P・28cm・2020年・ISBN978-4-7743-2875-1
©2020　Nobukazu Koroku & Mondo Nakamura
Printed in Japan